This Notebook Belongs To

___

___